Inhalt

IFRS für kleine und mittelgroße Unternehmen - Übernahme in europäisches Recht trotz Schwächen

Kernthesen

Beitrag

Fallbeispiele

Weiterführende Literatur

Impressum

IFRS für kleine und mittelgroße Unternehmen - Übernahme in europäisches Recht trotz Schwächen

A.Kaindl

Kernthesen

- Im Juli 2009 hat das IASB einen eigenen Rechnungslegungsstandard für kleine und mittelgroße Unternehmen veröffentlicht.
- Die Nutzer der neuen Rechnungslegungsvorschriften wurden aufgerufen zum Standard Stellung zu

nehmen.
- Während das IDW dem Standard sehr kritisch gegenüber steht, kam das DRSC zu dem Ergebnis, dass der Standard eine geeignete Bilanzierungsgrundlage darstellt.

Beitrag

Ziel des IFRS für KMU

Der internationale Rechnungslegungsstandard für kleine und mittelgroße Unternehmen (IFRS für KMU) wurde vom International Accounting Standards Board (IASB) nach langen Diskussionen im Juli 2009 veröffentlicht. Das damit verfolgte Ziel bestand darin, ein eigenständiges Regelwerk zu entwickeln, das auf spezifische Bedürfnisse mittelständischer Unternehmen und ihrer Adressaten zugeschnitten ist und einen deutlich geringeren Komplexitätsgrad als die Full-IFRS aufweist. (1), (2)

Aufbau und Konzeption

Der IFRS für KMU ist als eigenständiger, nicht in die Systematik der Full-IFRS eingebundener Standard konzipiert. Der Standard deckt sämtliche

Rechnungslegungsaspekte ab, von denen der IASB annimmt, dass sie für kleine und mittelgroße Unternehmen relevant sind. Bei der Entwicklung des Standards wurden Geschäftsvorfälle zugrunde gelegt, die typischerweise bei einem Unternehmen mit rund 50 Mitarbeitern im Jahresabschluss abgebildet werden. Der Standard nennt zuerst grundlegende Prinzipien der Rechnungslegung und geht dann auf einzelne Bilanzierungs- und Bewertungsvorschriften ein. Neben dem eigentlichen Standard wurden gleichzeitig umfassende Beispielabschlüsse inklusive einer Checkliste für Anhangsangaben veröffentlicht. (2)

Rechtliche Bindung der IFRS für KMU

Der IASB als privatrechtliches Gremium besitzt keine Autorität, die Anwendung der von ihm herausgegebenen Rechnungslegungsvorschriften für bestimmte Unternehmen vorzuschreiben. Um in Europa Gültigkeit zu erlangen, müssten die Regeln vom Europäischen Parlament in europäisches Recht übernommen werden. Die durch den IASB verabschiedeten Rechnungslegungsstandards werden mithilfe eines Anerkennungsverfahrens in europäisches Recht überführt ("Endorsement") und sind anschließend von den Mitgliedsländern auch national anzuwenden. Dieses Verfahren ist für die Full-IFRS vorgesehen, die von kapitalmarktorientierten Konzernunternehmen verpflichtend anzuwenden sind.

Eine Überführung der IFRS für KMU in europäisches Recht über ein Endorsement ist recht unwahrscheinlich. Nach derzeitiger Einschätzung ist eine Übernahme des IFRS für KMU im Rahmen einer Änderung der EU-Bilanzrichtlinien denkbar. Auf europäischer Ebene zeichnet sich dabei ein Mitgliedsstaatenwahlrecht ab, nach dem die EU-Staaten selbst entscheiden können, in welchem Umfang und für welchen Unternehmenskreis sie den IFRS für KMU vorschreiben, erlauben oder verbieten wollen. (2), (3)

Schwächen des Standards

Entsprechend den IFRS für KMU sollen die KMU-Abschlüsse einem breiten Adressatenkreis für deren ökonomische Entscheidungen nützliche Informationen über die Vermögens-, Finanz- und Ertragslage sowie die Zahlungsflüsse des Unternehmens zur Verfügung stellen.

Das IASB hat auf eine detaillierte Analyse des Adressatenkreises und der Informationsbedürfnisse der Adressaten verzichtet. Im Standard werden als Adressaten beispielhaft Eigenkapitalgeber, Gläubiger, Mitarbeiter, die allgemeine Öffentlichkeit, Ratingagenturen, Lieferanten, Kunden und Venture Capital-Geber aufgezählt. Somit ist ein äußerst breiter Adressatenkreis angesprochen. Das IASB scheute sich davor, sich auf eine bestimmte Adressatengruppe zu fokussieren.

Die vom IASB aufgezählten Adressaten besitzen gegenüber dem bilanzierenden Unternehmen sehr unterschiedliche Ansprüche (z.B. Erzielung von Gewinnen, Anspruch auf Ausschüttungen, Erhalt von Arbeitsplätzen, Anspruch auf Auszahlung von Löhnen und Gehältern, Anspruch auf Tilgungs- und Zinszahlungen etc.), aus denen unterschiedliche Informationsinteressen resultieren können. Eine mangelnde Eingrenzung des Adressatenkreises birgt somit die Gefahr, dass sich die spezifischen Informationsinteressen besonders wichtiger Adressatengruppen nur unzureichend erfüllen lassen, da es zu Kompromisslösungen mit den Interessen anderer potenzieller Adressaten kommt.

Für mittelständische deutsche Unternehmen erscheint der vom IASB definierte Adressatenkreis wenig angemessen. Aufgrund der Finanzierungsstruktur von KMU sind die Gläubiger die dominierende Adressatengruppe der mittelständischen Rechnungslegung. Auf Deutschland trifft dies in besonderem Maße zu, da die Bedeutung der Fremdkapitalfinanzierung hier traditionell sehr hoch ist. Die Gläubiger benötigen ein Instrument, das ihnen verifizierbare und damit verlässliche Informationen liefert. Dies ist der Jahresabschluss.

Neben der unzureichenden Eingrenzung des Adressatenkreises bleibt der IASB auch im Hinblick auf die Informationsinteressen der Adressaten recht vage. So wird lediglich festgehalten, dass die Informationsinteressen von KMU-Abschlussadressaten von den Interessen der Adressaten kapitalmarktorientierter Unternehmen abweichen können. Anstelle nur äußerst vage angesprochene Informationsinteressen eines sehr breiten Adressatenkreises zu bedienen, wäre eine Fokussierung auf die Adressatengruppe der Gläubiger einschließlich einer dezidierten Analyse ihrer Informationsinteressen zweckdienlicher gewesen.

Das Rahmenkonzept und die Grundsätze der Full-IFRS sind die Basis für den IFRS für KMU. Diese Vorgehensweise ist nach Ansicht des IASB vertretbar, da die Informationsbedürfnisse der Adressaten von KMU in vielen Punkten mit denen der Adressaten kapitalmarktorientierter Unternehmen übereinstimmen. Damit widerspricht sich das IASB allerdings selbst. Die unterschiedlichen Informationsbedürfnisse der Adressaten mittelständischer und kapitalmarktorientierter Unternehmen waren das entscheidende Kriterium für die Entwicklung des IFRS für KMU. Vor dem Hintergrund des unterschiedlichen Adressatenkreises und deren teilweise abweichenden Informationsbedürfnissen müssten die IFRS für KMU im Vergleich zu den Full-IFRS inhaltlich modifiziert ausfallen und eine unterschiedliche Gewichtung erfahren.

Trotz bestehender Vereinfachungen in Einzelfragen sowie eines deutlich geringeren Umfangs der IFRS für KMU im Vergleich zu den originären IFRS ist der Standard sehr komplex und dementsprechend anspruchsvoll und kostenintensiv in der Anwendung für mittelständische Unternehmen. Bei Zweifelsfragen in der praktischen Anwendung kann es zu einem Rückgriff auf die Fill-IFRS kommen, wodurch die Eigenständigkeit des Standards in Frage gestellt werden kann.

Die IFRS für KMU sind sehr einzelfallbezogen und beispielhaft formuliert und in ihrer inhaltlichen Konkretisierung oft unpräzise, so dass der Bilanzierende bei Regelungslücken das Ergebnis seinen eigenen Interessen gemäß steuern kann. Somit eröffnen sich dem Bilanzierenden erhebliche

Ermessens- und Gestaltungsspielräume. Diese konterkarieren jedoch die für eine mittelstandsorientierte Rechnungslegung bedeutsamen Grundsätze der Objektivität bzw. Verlässlichkeit sowie der Vergleichbarkeit der Abschlüsse verschiedener Unternehmen. (1)

Europäisches Parlament prüft Übernahme der IFRS für KMU

Im November 2009 hat die EU-Kommission zu Stellungnahmen hinsichtlich des IFRS für KMU aufgerufen. Die Bitte um Stellungnahmen richtete sich dabei insbesondere an kleine und mittelgroße Unternehmen sowie an die Nutzer der Abschlüsse solcher Unternehmen.

Aus Deutschland hat sich dazu vor allem das Institut der Wirtschaftsprüfer (IDW) geäußert. Das IDW vertritt die Auffassung, dass die IFRS für KMU in ihrer jetzigen Form zumindest für größere Unternehmen praktikabel sind. Das IDW beklagt, dass obwohl der Rückgriff auf die originären IFRS bei der Anwendung nicht mehr vorgesehen ist, auch die Vorschriften für Klein- und Mittelbetriebe letztlich auf einem Konzept, das ursprünglich auf börsennotierte Kapitalgesellschaften ausgerichtet war, beruht. Familiengesellschafter haben aber oft ganz andere Informationsinteressen. (3)

Des Weiteren wurde die European Financial Reporting Advisory Group (EFRAG), die als Europäische Beratungsgruppe für Finanzberichterstattung fungiert, seitens der EU-Kommission damit beauftragt, die Vereinbarkeit der IFRS für KMU mit den EU-Bilanzrichtlinien zu prüfen. Im Detail sollten insbesondere diejenigen Sachverhalte identifiziert werden, die bislang nicht mit den entsprechenden europäischen Vorgaben vereinbar sind. Die EFRAG gelangte zu dem Ergebnis, dass sieben Bilanzierungsvorgaben des IFRS für KMU nicht mit den EG-Richtlinien vereinbar sind. (4)

Das Deutsche Rechnungslegung Standards Committee (DRSC) nahm zu dem Ergebnis der EFRAG wie folgt Stellung: Bei den festgestellten Unvereinbarkeiten handelt es sich um eher unbedeutende Geschäftsvorfälle. Der DRSC ist der Meinung, dass die bestehenden Unterschiede zwischen dem IFRS für KMU und den EU-Bilanzrichtlinien nicht ausreichend seien, um eine Anwendung des IFRS für KMU in den europäischen Mitgliedstaaten abzulehnen. Diese Ansicht lässt sich nach Aussage des DRSC auch dadurch rechtfertigen, dass diejenigen Geschäftsvorfälle, für die der IFRS für KMU und die EG-Richtlinien unterschiedliche Bilanzierungsvorgaben vorsehen, nur selten bei den

KMU vorkommen. Daher empfiehlt der DRSC der Europäischen Kommission, die notwendigen Schritte einzuleiten, um den Unternehmen eine Anwendung des IFRS für KMU in Übereinstimmung mit den Vorgaben der EG-Richtlinien zu erlauben. (5)

Trends

Die Überwindung der Schwächen des IFRS für KMU dürfte eine Reform des Standards erfordern. Erst einmal wird das IASB jedoch die praktischen Erfahrungen bei der Anwendung auf Seiten der Bilanzierenden und Abschlussprüfer abwarten. Diese Erfahrungen werden letztlich auch zeigen, in welchem Umfang die bei der Anwendung des jetzigen Regelungswerks befürchteten Probleme in der Praxis eintreten. (1)Ob die Attraktivität des IFRS für KMU ausreicht, um mittelständische deutsche Unternehmen von einer freiwilligen Anwendung zu überzeugen, wird die Zukunft zeigen. Mittelfristig dürfte das per Bilanzrechtsmodernisierungsgesetz novellierte deutsche Handelsrecht die attraktivere Alternative darstellen. Die Aufstellung eines handelsrechtlichen Jahresabschlusses bleibt verpflichtend, da dieser als Grundlage für die Ausschüttungsbemessung gilt. Eine baldige Zulassung des IFRS für KMU (mit befreiender Wirkung von den handelsrechtlichen Vorschriften) ist in Deutschland nicht zu erwarten. (1), (2)

Fallbeispiele

Einige EU-Mitgliedsstaaten haben bereits angekündigt, den IFRS für KMU nach erfolgter Übernahme auf europäischer Ebene so schnell wie möglich in nationales Recht überführen zu wollen und seine Anwendung zumindest für Teile der kleinen und mittelgroßen Unternehmen zu gestatten oder vorzuschreiben. Zu diesen Ländern gehören unter anderem Großbritannien, die Niederlande, Dänemark, Norwegen und Schweden. (2)

Angesichts der Tatsache, dass erst kürzlich mit dem Bilanzrechtsmodernisierungsgesetz eine Bilanzrechtsreform in Deutschland durchgeführt worden ist, erscheint es fraglich, ob auch in Deutschland die Anwendung des IFRS für KMU kurzfristig gestattet sein wird. Der deutsche Gesetzgeber könnte aber zusätzlich zur handelsrechtlichen Rechnungslegungspflicht die Option zur freiwilligen Anwendung des IFRS für KMU gewähren. (2)

Trotz berechtigter Vorbehalte einiger Kritiker gegenüber dem IFRS für KMU kann die Anwendung dieses Standards für international tätige, deutsche mittelständische Unternehmen künftig sinnvoll sein. Hat ein deutsches Unternehmen bspw. Tochterunternehmen in Ländern, in denen der IFRS für KMU verpflichtend vorgeschrieben ist, können die im Rahmen von Konsolidierungsmaßnahmen aufwendigen Umrechnungen der Jahresabschlüsse auf die Vorschriften des deutschen Handelsrechts entfallen. Denkbar ist auch, dass international orientierte Mittelständler einem gewissen Druck von dritter Seite (internationale Investoren, Gläubiger, Lieferanten oder Kunden) ausgesetzt werden, die Rechnungslegung auf die neuen Regeln des IFRS für KMU umzustellen. (2)

Im Interesse der mittelständischen Klientel der Sparkassen-Finanzgruppe unterstützt sowohl der Deutsche Sparkassen- und Giroverband als auch die europäische Sparkassenorganisation ESGB die Einführung eines Wahlrechts für eine freiwillige Anwendung des IFRS für KMU in Deutschland bzw. in den Mitgliedsstaaten der Europäischen Union. (2)

Weiterführende Literatur

(1) IFRS for Small and Medium-sized Entities
Konzeptionelle Schwächen des neuen Standards und ihre Implikationen
aus Kapitalmarktorientierte Rechnungslegung, Heft 2

vom 1.2.2010, Seite 75 - 80

(2) Der neue Standard des IASB teils immer noch komplex Bedeutung des IFRS für KMU für den Mittelstand
aus Betriebswirtschaftliche Blätter, Februar 2010, Nr. 02, S. 110

(3) Gleiches Recht für alle
aus Frankfurter Allgemeine Zeitung, 22.03.2010, Nr. 68, S. 12

(4) Vereinbarkeit des IFRS für KMU
aus Kapitalmarktorientierte Rechnungslegung, Heft 3 vom 12.4.2010, Seite 143

(5) DSR-Stellungnahme zum EFRAG-Entwurfsschreiben eines Ratschlags zur Vereinbarkeit der IFRS für KMU mit der 4. und 7. EG-Richtlinie
aus Kapitalmarktorientierte Rechnungslegung, Heft 5 vom 3.5.2010, Seite 286

Impressum

IFRS für kleine und mittelgroße Unternehmen - Übernahme in europäisches Recht trotz Schwächen

Bibliografische Information der deutschen Nationalbibliothek

Die Deutsche Nationalbibliothek verzeichnet diese Publikation in der deutschen Nationalbibliografie; detaillierte bibliografische Daten sind im Internet über http://dnb.d-nb.de abrufbar.

ISBN: 978-3-7379-1388-1

© 2015 GBI-Genios Deutsche Wirtschaftsdatenbank GmbH, Freischützstraße 96, 81927 München, www.genios.de

Alle Rechte vorbehalten. Dieses Werk ist einschließlich aller seiner Teile – z.B. Texte, Tabellen und Grafiken - urheberrechtlich geschützt. Jede Verwertung außerhalb der Grenzen des Urheberrechtsgesetzes bedarf der vorherigen Zustimmung des Verlags. Dies gilt insbesondere auch für auszugsweise Nachdrucke, fotomechanische Vervielfältigungen (Fotokopie/Mikroskopie), Übersetzungen, Auswertungen durch Datenbanken oder ähnliche Einrichtungen und die Einspeicherung und Verarbeitung in elektronischen Systemen.